SANDRA HAYGEN-DOLS
FRANS GOETGHEBEUR

Caderno de exercícios de espiritualidade

simples como uma xícara de chá

Ilustrações de Jean Augagneur
Tradução de Maria Ferreira

EDITORA VOZES
Petrópolis

CB053295

© Éditions Jouvence S.A., 2016
Chemin du Guillon 20
Case 1233 — Bernex
http://www.editions-jouvence.com
info@editions-jouvence.com

Título original em francês:
Petit cahier d'exercices de spiritualité — aussi simple qu'une tasse de thé

Direitos de publicação em língua portuguesa — Brasil:
2020, Editora Vozes Ltda.
Rua Frei Luís, 100
25689-900 Petrópolis, RJ
www.vozes.com.br
Brasil

Todos os direitos reservados. Nenhuma parte desta obra poderá ser reproduzida ou transmitida por qualquer forma e/ou quaisquer meios (eletrônico ou mecânico, incluindo fotocópia e gravação) ou arquivada em qualquer sistema ou banco de dados sem permissão escrita da editora.

CONSELHO EDITORIAL
Diretor
Gilberto Gonçalves Garcia

Editores
Aline dos Santos Carneiro
Edrian Josué Pasini
Marilac Loraine Oleniki
Welder Lancieri Marchini

Conselheiros
Francisco Morás
Ludovico Garmus
Teobaldo Heidemann
Volney J. Berkenbrock

Secretário executivo
João Batista Kreuch

Editoração: Fernando Sergio Olivetti da Rocha
Projeto gráfico: Éditions Jouvence
Arte-finalização: Sheilandre Desenv. Gráfico
Revisão gráfica: Nilton Braz da Rocha
Capa/ilustrações: Jean Augagneur
Arte-finalização: Editora Vozes

ISBN 978-65-5713-072-8 (Brasil)
ISBN 978-2-88911-707-9 (Suíça)

Editado conforme o novo acordo ortográfico.

Este livro foi composto e impresso pela Editora Vozes Ltda.

Dados Internacionais de Catalogação na Publicação (CIP)
(Câmara Brasileira do Livro, SP, Brasil)

Huygen-Dols, Sandra
  Caderno de exercícios de espiritualidade : simples como uma xícara de chá / Sandra Huygen-Dols, Frans Goetghebeur ; ilustrações de Jean Augagneur ; tradução de Maria Ferreira. — Petrópolis, RJ : Vozes, 2020. — (Coleção Praticando o Bem-estar)
  Título original: Petit cahier d'exercices de spiritualité aussi simple qu'une tasse de thé
  ISBN 978-65-5713-072-8
  1. Espiritualidade I. Goetghebeur, Frans. II. Augagneur, Jean. III. Título. IV. Série.

20-36745
CDD-133

Índices para catálogo sistemático:
1. Crescimento espiritual : Espiritualidade   133

Cibele Maria Dias — Bibliotecária — CRB-8/9427

A palavra "espiritualidade"

Para nos compreendermos, o mais importante é definir muito bem as palavras que utilizamos. Caso contrário, como dizia o Pequeno Príncipe, elas podem ser a fonte de muitas complicações. O que certamente é o caso para a palavra "espiritualidade".

A noção de **espiritualidade** comporta acepções diferentes. O título de nosso caderno anuncia bem o tom; desejamos **desmistificar** o termo e retornar ao sentido universal dessa dimensão encontrada em todas as tradições de sabedoria. Portanto, não devemos confundir espiritualidade com religião, esoterismo ou espiritismo.

A espiritualidade remete a uma experiência de despertar que purifica o que nos impede de ver e de amar, que revela a coerência que sustenta a realidade, e que conduz a uma conexão profunda com tudo o que vive.

A situação

Nossa sociedade ocidental se distingue na inovação, na tecnologia, na competência e no ter. Ao mesmo tempo, números alarmantes da Organização Mundial da Saúde falam de "doenças de civilização". As violências e as injustiças de nossa época nos mostram um outro lado dessa civilização. Existimos, é claro, mas estamos realmente vivendo ou estamos no modo de sobrevivência em um mundo desesperadamente em busca de sentido? Como enfrentar os desafios cotidianos exteriores e interiores? Como descobrir nossas verdadeiras necessidades, nossos verdadeiros valores? Como estar presente para si mesmo, para os outros, para o mundo? Como amar? A espiritualidade constitui a fonte de inspiração, de confiança, de energia e de encorajamento que permite responder a esse tipo de questões. Ela não fica na verborreia. Quando vivida lucidamente, ela enriquece a conduta de vida e é praticada nos mínimos fatos e gestos de nosso cotidiano.

Fato importante:
Compreendemos cada vez mais que a espiritualidade talvez seja a **única disciplina que não divide as pessoas.** Ela induz o altruísmo. Uma política, uma educação ou uma economia baseada em uma visão espiritual logo se colocaria a serviço de todos os seres vivos sem qualquer exceção.

A prática

Propomos neste pequeno tratado sobre a espiritualidade algumas chaves e exercícios simples que têm o poder de transformar a vida.

A espiritualidade responde a uma profunda necessidade de cura dos males relacionais e existenciais, a uma necessidade de sentido, de autenticidade e de liberdade pessoal. Com ela, aprendemos a nos reconectar facilmente com as fontes interiores, que são inesgotáveis, e a descobrir a admirável inteligência do corpo.

A prática da espiritualidade está baseada em uma grande confiança em si. Todos os mestres, do presente como do passado, não são tanto salvadores, autoridades exteriores, quanto guias... que nos permitem encontrar nosso mestre interior. Thich Nhat Hanh dizia:

> "**O grande despertar ocorre quando compreendemos que o que buscamos encontra-se em nós**".

Partimos então juntos em busca de um tesouro que se esconde em nós.

Um lembrete:

"Ninguém pode dar à luz em nosso lugar."

Fabrice Midal lembra que somos responsáveis pela "maternidade de nossa existência": a mãe acolhe, alimenta o que vai frutificar nela. Não controla, envolve com seu amor para um belo dia deixar eclodir "seu projeto". Eis como podemos assumir a maternidade de nossa vida na terra — e como podemos conceber as práticas propostas aqui.

Nota tripla dos autores

➡ Você não vai encontrar aqui listas de nomes de grandes poetas, místicos ou sábios, nem uma apresentação dos sistemas propostos pelas diferentes tradições espirituais. Tentamos retraduzir suas sugestões em um conjunto fácil de ser adotado.

➡ A espiritualidade não está, pois, necessariamente vinculada à ideia de uma realidade transcendente. Ouçamos as palavras do Papa Francisco a esse respeito:

"Não é necessário acreditar em Deus para ser uma boa pessoa. De certo modo, a noção tradicional de Deus está superada. É possível ser "espiritual" e não religioso. Não é necessário ir à igreja e dar dinheiro. Para muitos, a natureza pode ser uma igreja. Algumas das melhores pessoas na história não acreditavam em Deus, ao passo que alguns dos piores atos foram cometidos em seu nome".

O papa junta-se aqui a vários grandes místicos que rezam "para se libertar de Deus", como dizia Mestre Eckhart. Mesmo que mais adiante ele acrescente que "Deus está mais próximo de mim do que minha alma".
Justamente.

➜ A espiritualidade também não significa, pois, que seja preciso abandonar o mundo para se tornar santo. É aqui mesmo que nós nos realizamos, que o despertar pode ser alcançado, que nossa libertação nos espera. Mas é preciso praticar. Nós (a) engajamos na simplicidade e na lucidez da prática.

As 7 chaves que abrem para uma espiritualidade moderna e viva

Chave n. 1. A presença e o acesso a uma Fonte inesgotável

A meditação

O caminho para o instante presente: A meditação é a estrada real para o desenvolvimento de uma vida espiritual. Ela aumenta nossa presença para nós mesmos e, ao mesmo tempo, nos abre para o mundo e para as pessoas que nos cercam. Ela muda, purifica e alarga nosso olhar e nossas percepções e **nos oferece um maior domínio e uma maior liberdade em nossas esferas mentais e emocionais, e, portanto, em nossas reações**. Sua prática constitui um treinamento do espírito que permite nos libertar de nossos mecanismos automáticos, fonte de mal-estar e de depressão psicológica. Existem inúmeras variantes da prática meditativa, mas todas convergem para o acesso ao **instante presente**.

A prática da presença atenta:

A tradução da palavra mindfulness por "consciência plena" não é muito boa. Em vez de se preencher, nossa consciência vai se abrir, criar espaço... direcionando sua atenção de maneira não julgadora para a realidade assim como ela é (Kabat-Zinn). Todos nós fazemos essa experiência de tempos em tempos, geralmente de maneira furtiva: quando estamos a um só tempo concentrados e relaxados. Mas a vida que nos é imposta e que aceitamos nos distancia dessa serenidade consciente. Ela provoca tensões físicas e/ou psicológicas, irritabilidade, instabilidades relacionais, dificuldades para se concentrar, distúrbios do sono, fadigas ou mesmo esgotamentos...

Exercício de meditação

Você que está lendo este pequeno tratado, simplesmente tome consciência de sua posição.
Onde você está? Em que posição?

....

Reaproprie-se de seus 5 sentidos, aguce-os:
O que está ouvindo?

....

O que está vendo?

....

O que está sentindo?

....

Seu corpo está em contato com um objeto? Com uma pessoa? Com um determinado tecido?

....

Está saboreando algo especial?

....

Descreva essas experiências e determine também seu estado de espírito: você está relaxado? Preocupado? Curioso? Estressado? Em outras condições?

....
....
....
....
....
....
....
....
....
....
....

11

Reative assim sua abertura para o instante presente. Remoer o passado gera facilmente amargura, tristeza, raiva, e viver constantemente no futuro pode criar ansiedade. Nos dois casos, **você passa ao largo de seu poderoso poder criador e da oportunidade de ser livre e feliz.** E perde seu encontro marcado com a vida.

Adquira o hábito de fazer várias vezes por dia uma pausa em suas atividades. Essa prática permitirá desenvolver sua capacidade de se reconectar **com seu verdadeiro ser, com suas necessidades e com seus valores.** Ela o ajudará a cultivar **os pensamentos e os sentimentos justos** e a viver com benevolência. É importante, porque vemos que o ser humano (isto é, nosso espírito) é capaz das coisas mais sombrias, bem como das ações mais nobres. É preciso saber o que queremos.

Truque:
Se tem medo de se esquecer de sua prática cotidiana, coloque um pequeno bracelete em volta do punho para se lembrar, ou considere o uso de um alarme discreto.

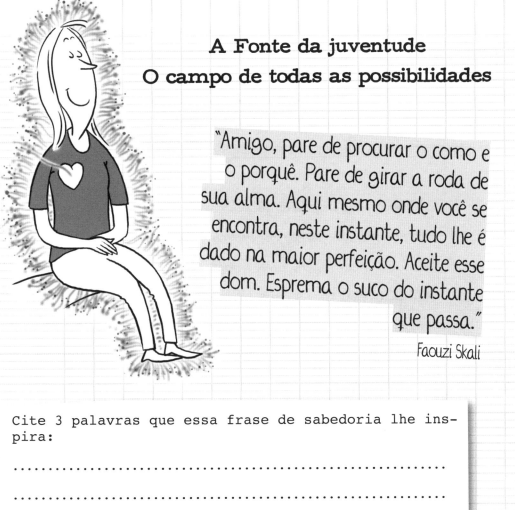

A Fonte da juventude
O campo de todas as possibilidades

"Amigo, pare de procurar o como e o porquê. Pare de girar a roda de sua alma. Aqui mesmo onde você se encontra, neste instante, tudo lhe é dado na maior perfeição. Aceite esse dom. Esprema o suco do instante que passa."

Faouzi Skali

Cite 3 palavras que essa frase de sabedoria lhe inspira:

....

....

....

Para você, o que poderia significar "espremer o suco do instante presente"?

....

....

....

....

Se tivesse uma varinha mágica, o que desejaria neste exato momento no nível pessoal, no amor, no trabalho, na amizade?

....

....

....

A ciência de ponta, as sabedorias ancestrais e a espiritualidade se encontram para nos indicar que tudo é energia e emerge de uma Matriz, de uma Fonte geralmente chamada o "campo das possibilidades". Alguns utilizam a palavra "Deus" para falar dessa energia infinita. Na ciência, demonstra-se bem mais um campo de energia e de informação, e na Índia ele é chamado de "rede de Indra". Dessa "vacuidade plena e viva" emergem todas as potencialidades da vida, todas as transformações da realidade. O **instante presente** é o único espaço-tempo do encontro com essa Fonte (campo de todas as possibilidades).

PESSOAL
AMOR
TRABALHO
AMIZADE

Repita 3 vezes esta frase:

"Ao me abrir para o instante presente, acedo à Fonte e acedo ao meu poder criador. Sou um potente criador de circunstâncias de vida. Crio a vida que aquece meu coração".

Para ativar sua conexão com a Fonte, seu poder criador, desenvolva sua presença no instante presente. Várias práticas podem ajudá-l(a). Seja paciente, mas conecte-se regularmente a fim de avançar no caminho.

1. Separe alguns lápis de cor e pinte este magnífico mandala. Escolha as cores que o(a) inspiram...

2. Prepare um espaço calmo, limpo e bem-organizado em sua casa, em seu lugar de trabalho ou fora de casa. O importante é que você se sinta bem nele. De manhã e à noite (se possível por pelo menos 15 minutos), nesse espaço de vida, consagre um momento para desenvolver essa função do "ser".

3. Leia em voz alta esta frase de sabedoria:

"Nossa função não é adquirir, mas Ser".

Rabindranath Tagore

O que essa citação lhe inspira?

....
....
....

Como e por que desenvolver seu saber ser para além das aquisições materiais?
Tome o tempo de formular seus pensamentos e depois de meditar sobre sua resposta.

....
....
....
....
....
....
....

Mas encontrar tempo para tudo isso?

Em um primeiro momento, liste ao lado do desenho abaixo as coisas e hábitos ou falsas obrigações das quais você poderia se abster em proveito do desenvolvimento espiritual.

- ....
- ....
- ....
- ....
- ....
- ....
- ....
- ....
- ....
- ....

Essa tomada de consciência vai permitir que você libere tempo para sua prática diária e para entrar em um círculo virtuoso. Quanto mais praticar, mas se sentirá leve, vibrante, vivo. Seu mental vai se acalmar, seu espírito em contato com o campo das possibilidades se tornará mais claro e d(a) guiará intuitivamente para aquilo que alimentará sua vida e d(a) fará feliz.

SEGUNDA-FEIRA	TERÇA-FEIRA	QUARTA-FEIRA
QUINTA-FEIRA	SEXTA-FEIRA	SÁBADO

Anote neste calendário os momentos propícios para sua prática. E logo, com um pouco de treino, você será capaz de desenvolver sua presença em cada instante de sua vida.

4. A natureza é um guia, uma sabedoria encarnada. Uma vez por dia (no mínimo durante 10 minutos), saia para dialogar com a natureza. Observe seus milagres e sua presença inteligente em toda coisa viva. Aguce seus sentidos olhando um pôr de sol, ouvindo o canto dos pássaros, aspirando o ar fresco do outono, tocando as flores do campo e saboreando os frutos oferecidos pelo verão.

Cole algumas fotos que ilustram essa intimidade:

Eis uma palavra que ilustra a graça que a natureza provoca:

"O homem? Que espécie doentia! Ele adora um Deus invisível e destrói a Natureza visível. Inconsciente do fato de que a Natureza que ele destrói é o Deus que ele adora".

Hubert Reeves

Tudo se sustenta. Tudo nos fala de uma força poderosa que se manifesta por meio da diversidade das espécies, da fauna e da flora.

Chave n. 2. Colocar uma intenção clara já carrega seus frutos

"No começo não havia nem existência nem não existência. Este mundo era apenas energia não manifestada... o Um exalou um sopro sem soprar."

Rig Veda

O que essas frases lhe inspiram?

....
....
....
....
....
....

Ative essa chave da intenção clara em sua vida

Separe alguns instantes para você. Respire lenta e profundamente. Conecte-se com a Fonte das potencialidades (cf. prática na chave n. 1).

Separe uma folha branca e alguns lápis de cor. Imagine que você é um pintor, um artista, e que pode criar sua vida ideal a partir dessa folha branca. Ao que ela se assemelharia?
Desenhe (ou escreva) suas aspirações profundas para as 9 esferas ou áreas de vida listadas abaixo. Seja tão preciso quanto possível.

Desenvolvimento pessoal

Casal/relação amorosa

Família

Amigos

Saúde

Trabalho/ carreira

Lazer/ descanso

Ambiente/ casa

Finanças

Relaxe, não se preocupe com o resultado. Não existe nenhum julgamento. Você deve simplesmente seguir o que seu **coração** lhe murmura ao pé do ouvido. Confie nele, confie em sua sabedoria, ele sabe o que você deseja se tornar no mais profundo de sua alma. Afine e detalhe seus desenhos e suas projeções até que estas últimas se tornem **intenções claras**.

> "Não nos submetemos ao futuro, nós o fazemos."
> Georges Bernanos

Para cada uma dessas esferas de sua vida, deposite sua intenção clarificada no campo da pura potencialidade. Para fazê-lo, reconecte-se – em silêncio – com a Fonte (chave n. 1). Quando tudo estiver calmo em você e fora de você, visualize suas intenções e **sinta no fundo de seu coração os sentimentos e emoções que essas intenções/situações lhe trazem, como se as estivesse vivendo neste exato momento**. Você deve se impregnar delas até que essas intenções penetrem sua consciência viva, **depois soltá-las com confiança** e retornar a um estado de silêncio.

23

Truque:
Você também pode recortar suas esferas de vida desenhadas e colocá-las em certos lugares de sua casa para mantê-las presentes em seu espírito (e em seu coração!) e preencher sua vida com suas intenções. Pode também carregar a lista de suas intenções com você.

Sinta a potência dessas intenções pessoais. Elas vão transformar sua vida e conduzi-lo a uma versão melhor de si mesmo.

As intenções e os desejos, quando nascem em nosso coração, no silêncio das potencialidades da Fonte, se amplificam e são sustentados por um poder criador e de organização ilimitado.

> "A força não vem das capacidades físicas. Ela vem de uma vontade invencível."
> Mahatma Gandhi

Preste atenção ao que emerge de seu cotidiano, sem julgamento nem impaciência, com o olhar aberto. Entre em ressonância com as oportunidades que se apresentam para você e agarre-as. Elas fazem parte de você, de seu caminho de evolução. Se não perceber logo distintamente suas intenções, permaneça confiante: há uma razão para isso.

Assine este contrato de compromisso

Eu, ..., comprometo-me em aceder à Fonte/Matriz das potencialidades praticando a comunhão neste instante presente, e integrando-o à minha conduta de vida no dia a dia. É no instante presente que preparo conscientemente meu futuro, dando vida a meus desejos mais profundos e manifestando minhas intenções com minha atenção. Não deixarei os obstáculos exteriores (opinião do outro, conselhos, mídias, ritmo de vida...) nem interiores (julgamentos, pensamentos e emoções parasitas) desviarem minha atenção. Eu cocrio assim na calma e na confiança meu presente e asseguro meus desejos e meu futuro no melhor potencial que seja.
Assinatura: ....

Truque:
Compre um caderno (seu "caderno de compromissos") no qual anotará os objetivos e práticas que você se fixou, os compromissos com você mesmo. Adquira o hábito de anotá-los para cristalizar seu compromisso. Para cada um deles, indique se você os alcançou (ou não). Isso vai permitir que se envolva muito mais.

Alguns pretendem que tudo está inscrito nas constelações dos astros, ou na estrutura de nossos genes. Uma coisa é certa, ninguém está formatado para sempre. A plasticidade de nosso cérebro, de nosso sistema neurológico e a maleabilidade de nosso espírito nos permitem levar em conta o fato de que podemos ser os cocriadores de nosso destino a todo instante.

Chave n. 3. Que seus pensamentos e seus atos sigam o movimento de seu bom coração

"Dê com fé, nunca sem fé. Dê com dignidade. Dê com humildade. Dê com alegria. Dê compreendendo os efeitos de seu presente."

Taittiriya upanishad

Tanto Jesus quanto o Dalai Lama insistem na importância do altruísmo. Tudo é energia no universo. Os bens materiais e imateriais são energias que circulam, como um fluxo, sem apegos nem preconceitos.

Dê, divida o que você quer receber (bondade, amor, paciência, alegria, dinheiro...). Esses fluxos de energia funcionam, com efeito, por troca dinâmica.

Ative essa chave de abundância em sua vida

1. Repita 3 vezes esta afirmação conscientemente:

"Ofereço, dou, partilho sem contar e sem me apegar. Estou em perfeita coerência com o fluxo da vida e com as leis da natureza. Eu me descarrego. Eu sou feliz."

Verifique toda noite, durante uma semana, o que você partilhou naquele dia. E alegre-se com seus novos hábitos.

2. O que você poderia oferecer nos próximos cinco minutos que pode trazer alegria à pessoa que o recebe (e também a você)? Não reflita demais, seja espontâneo(a). Anote abaixo sua ação, bem como a reação da pessoa que se beneficiou de sua atenção.

Ação ....
....
....
....
....
....
....
....

Reação ....
....
....
....
....
....
....
....

3. Todos os dias, torne pelo menos três pessoas felizes com seus cuidados até que isso se torne um reflexo espontâneo.

O que você poderia oferecer, e a quem? Liste suas ideias abaixo:

A quem: ....

Suas ideias: ....

....

....

A quem: ....

Suas ideias: ....

....

....

A quem: ....

Suas ideias: ....

....

....

Dedique uma atenção especial aos desejos dos outros com o objetivo de realizá-los, oferecendo igualmente com um prazer não dissimulado o que você mesmo espera da vida. Você ativará assim conscientemente em seu entorno o processo de circulação da energia da benevolência, da alegria, da riqueza e da abundância.

29

4. Sinta uma profunda gratidão pelas benesses de sua vida. Sinta a abertura de seu coração que a elas está associado, e esse fluxo poderoso e positivo de energia que circula em você e em seu entorno. Tome consciência de suas realizações do dia, de suas aspirações (aquilo para onde seu coração tende/aquilo que você ama), das benesses da Mãe natureza e de seu entorno, e liste-as abaixo:

Suas realizações do dia	Suas aspirações	As benesses da Mãe natureza	As benesses de seu entorno

De manhã e à noite, dedique alguns minutos e acolha com gratidão os dons e as benesses que a vida lhe oferece. Agradeça do fundo de seu coração sentindo literalmente essa vibração de calor e de prazer dentro de você.

Seja também profundamente grato(a) pelos dons da natureza, e esteja especialmente ciente dos valores humanos mais nobres que o(a) tocam (o amor, a amizade, a afeição, o respeito, a atenção, o tempo).

> **Truque:**
> Em seu caderno de compromissos, acrescente uma parte dedicada à expressão de sua gratidão.

5. Repita 3 vezes esta frase em voz alta:

"Desfruto desta abundância e entro em ressonância com esses dons com gratidão".

Saiba que as pessoas que expressam sua gratidão tendem a viver mais tempo e a serem mais felizes. Portanto, é algo que vale a pena!

Chave n. 4. A consequência é da mesma natureza que a causa

"Se quer ser amado, ame."

Sêneca

A palavra Carma significa ao mesmo tempo a ação e a consequência da ação, a causa e o efeito, e o vínculo entre os dois. Todo pensamento, todo sentimento e toda ação gera uma energia cujas consequências são de mesma natureza. Chegamos assim a uma ética do bom-senso.

Ative essa chave de boa conduta em sua vida

1. O que você poderia fazer para se melhorar gradualmente, todos os dias um pouco mais? Liste abaixo os pontos nos quais você deve prestar atenção para trazer mais ética e positividade em suas esferas de vida:

- ❏ desenvolvimento pessoal
- ❏ casal/relação amorosa
- ❏ família
- ❏ amigos
- ❏ ambiente/casa
- ❏ trabalho/carreira
- ❏ saúde
- ❏ lazer/descanso
- ❏ finanças
- ❏ outros:

Anote também quem poderia ajudá-lo nessa empreitada.

....
....
....

2. Observando regularmente suas emoções, seus pensamentos, seus atos, suas escolhas de vida, você os traz à sua consciência. Está, assim, totalmente presente para si mesmo em corpo e em espírito, e não experimenta mais sua vida de maneira inconsciente.

3. Tome consciência do impacto de suas decisões. A cada decisão, antecipe mentalmente as consequências dessa decisão para você, para os outros e para seu entorno. Ela vai gerar bem-estar ao seu redor?
Anote aqui uma decisão que você deve tomar e antecipe o impacto dela em sua vida e depois em seu entorno:

....
....
....
....
....
....
....
....
....
....

4. Leia conscientemente e medite sobre esta afirmação:

"Na decisão que quero tomar, confio totalmente no que estou sentindo, no que emerge em meu coração, e solto meu mental. Convido meu coração a me guiar através de minhas experiências, minhas crenças, para deixar falar a parte mais vibrante e autêntica de meu ser. Se o que sinto é um calor reconfortante ou uma alegria indescritível, confiarei em mim. Se minhas sensações são pesadas e desagradáveis, não continuarei neste caminho, e ajustarei minhas escolhas. Seguirei as mensagens de meu coração para guiar minha vida no caminho que é justo para mim e para meu entorno, e que tenha sentido".

Conte aqui como e por que você ajustou uma escolha recentemente:

....
....
....
....
....
....
....
....
....
....
....
....
....

5. Preencha este labirinto com sua presença entrando pelo acesso embaixo e descobrindo para onde ele o leva.

O que esse percurso lhe inspira?
O que você sentiu?

....
....
....
....
....

Truque:
O labirinto é um **caminho**: ele o convida a ser um "peregrino". Sua finalidade? Conduzir inteligentemente a uma autêntica meditação. Aquele que escolhe percorrê-lo pode se abrir, passo a passo, ao que o ultrapassa. Redescobrindo assim o sentido de sua existência.

Chave n. 5. Crie sua vida em sua mais simples expressão

> "A simplicidade é um dom da alma."
> Vauvenargues

A natureza e suas leis nos mostram o caminho da facilidade e da harmonia: ele desliza como um rio fluido e harmonioso para o mar. A vida não deve ser uma luta. Esta crença vai contra o que nos ensina a natureza. Ativar os princípios de uma vida espiritual significa encontrar uma estabilidade agradável sobre todas as ondas (suaves e violentas) que o oceano da existência nos apresenta. A simplicidade feliz ajuda a acolher todas as mensagens por vezes contraditórias que recebemos das mídias e que encontramos em nossas relações com o mundo e com o espírito do tempo. A simplicidade nos ensina como olhar através de todos os condicionamentos, de todas as identificações, como se desembaraçar de todas as irritações e considerar a situação em toda sua nudez.

Ative essa chave de simplicidade voluntária em sua vida

1. Em uma escala de 0 a 10, em quanto você avalia o nível de facilidade e de simplicidade de sua vida?

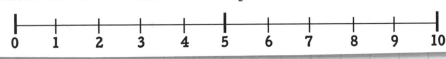

2. Simplifique e ilumine seu cotidiano.

> "Você pode viver com algumas roupas ou uma refeição por dia, mas a simplicidade não está nisso. Seja então simples, não viva de maneira complicada. Seja simples interiormente."
>
> Krishnamurti

Para ajudá-lo, comece relaxando, respire profundamente e imagine um magnífico rio em um dia de verão. Esse pequeno riacho está bloqueado por grandes pedras que o obrigam a se desviar de seu curso normal e o impedem de "deslizar tranquilamente".

Comece identificando as 3 maiores pedras que bloqueiam seu fluxo de vida e o(a) desviam do curso natural e fluido de sua vida. Neste pequeno desenho, nomeie essas 3 pedras identificando seus obstáculos (exemplo: minhas ruminações, minha saúde, meu local de trabalho...).

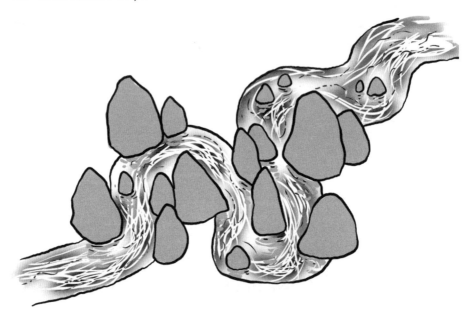

Em seguida, anote abaixo as soluções nas quais você pensa para reencontrar seu bem-estar e sua facilidade e conforto. O que poderia fazer? Quem poderia ajudá-lo? Quando ativaria essa solução?

Pedra/obstáculo 1:..
....
....
....
....
....
....

Pedra/obstáculo 2: ....
....
....
....
....
....
....

Pedra/obstáculo 3: ....
....
....
....
....
....
....

Mantenha sempre o olhar e o coração voltados para a solução final como se já a tivesse alcançado por meio das práticas da chave espiritual n. 2.

Depois das 3 maiores pedras, continue com as menores e os pedregulhos.

Dessa simplicidade e fluidez que emergem nascerão a coerência, a satisfação e a harmonia que todos nós desejamos experimentar.

3. Deixe ir o que complica e atrapalha sua vida!

A **resistência** causa geralmente o sofrimento ou a teimosia. Os exercícios em comunicação não violenta, em *coaching* ou em programação neurolinguística mostram como se desfazer dos obstáculos para deixar ir.
Ao identificar nossas resistências, constatamos que elas são essencialmente alimentadas por emoções como o **medo** e nossas **crenças limitantes.** Estas se originam em nossa educação, em nossas experiências passadas, em nossos encontros etc.
Aqui estão 4 exercícios para sustentar o deixar ir. Pratique-os em um momento em que estiver em um lugar tranquilo e tiver tempo. Cada etapa deve ser sentida profundamente em seu coração e em seu corpo para estar bem integrada e produzir seus efeitos benéficos e curadores.

A. Medos
Listo três de meus **medos principais** (ou sentimentos de insegurança) nas nuvens que escondem esse magnífico sol vibrante, e tomo consciência das necessidades dissimuladas por trás desses medos. Para ajudá-lo(a) a identificar suas **necessidades**, reporte-se à **pirâmide de Maslow** ao lado, que classifica as necessidades do ser humano em 5 níveis.

Necessidades de realização
Dar um sentido à sua vida, desenvolver-se, realizar-se!

Necessidades de estima
Libertar-se, confiar em si, confiar nos outros.

Necessidades sociais
Integrar-se em um grupo, fraternizar, expressar-se, partilhar.

Necessidades de segurança
Estabilidade, tranquilidade, abrigos, emprego, rendas.

Necessidades físicas
Beber, comer, respirar, dormir.

Agora, como soprar sobre essas nuvens de medo para deixar (enfim!) brilhar o sol em sua vida? Eis uma aproximação gradual.

➥ Ressinta seu medo. Visualize-o. Observe o que você sente:

....

Coloque-se a seguinte questão: "O que eu seria sem esse medo?" Visualize sentindo suas necessidades identificadas como já preenchidas. Anote ou desenhe o que está sentindo.

....
....
....

➡ Volte à etapa 1 (medo): Qual é o presente ou a competência adquirida graças a esse medo? O que você aprendeu graças a ele? Talvez haja muitos presentes.

....

....

....

Sinta uma profunda gratidão pelo que esse medo trouxe de positivo para sua vida.
Inspire. Expire.

Mantenha essa competência em sua vida, e deixe partir o estresse, solte o medo.

➡ Sinta novamente a necessidade preenchida (etapa 2) e anote a próxima ação concreta que você fará, uma vez livre desse medo:

....

....

....

....

....

....

....

....

....

....

B. Crença limitante

Uma crença limitante:
Todas essas pequenas frases que parasitam o espírito e favorecem os mecanismos de autossabotagem são designadas pela expressão "crenças limitantes". São geralmente adquiridas na infância, mas também podem ser o resultado de experiências posteriores. Elas influem diretamente no comportamento, no desempenho, na comunicação e são reforçadas ao longo de experiências negativas.

➥ Identifique uma de suas crenças limitantes (exemplos: "Não tenho sorte", "Sou desajeitado(a)", "Sou incompetente em...", "Sou feio(a)"):

....

....

➥ Lembre-se de um momento em sua vida em que aconteceu o contrário (exemplos: "Tive sorte", "Fui hábil, "Estive à altura da situação", "Considerei-me bonito(a)"):

....

....

➥ Faça silêncio/introspecção.
➥ Visualize essa ocasião, sinta-a novamente em seu coração, em seu corpo: como isso aconteceu? O que você sentiu?

....

....

....

➜ **Projeção positiva:** Como seria sua vida no caso contrário a essa crença? Quem você seria? Onde e com quem? Volte a sentir essa situação intensamente.

....

....

....

➜ Durante 3 semanas, observe e anote abaixo cada um dos momentos de sua vida em que essa crença não se expressa, e em que ela é substituída por sua projeção positiva.
DESENVOLVA CONSCIENTEMENTE ESTA NOVA VISÃO DE VOCÊ, DE SUA VIDA e sinta literalmente seus inúmeros benefícios!

....

....

....

....

....

....

....

....

....

....

....

4. Leia esta citação e afirmação positiva lentamente e em voz alta para bem absorvê-la:

"Todos os dias, pratico o desapego e o abandono ao fluxo da vida. Acolho cada instante com simplicidade sem tentar complicá-lo. Observo minhas reações, meus pensamentos, meus sentimentos, e vou ao essencial para deles me alimentar. Simplifico consciente e voluntariamente minha vida. Não crio resistências. Minha entrega é total e completa. Aceito as coisas como elas são neste instante e não como gostaria que fossem".

5. Em caso de situação malvivida e conflitual
Aceitando as coisas como elas são, você também descobre sua responsabilidade como parte atuante na problemática. Mas permaneça sempre benevolente e compreensivo consigo mesmo e com os outros.

Descreva abaixo uma situação conflitual — a primeira que vier à cabeça.
O que aconteceu?

....

O que você sentiu?

....

Você comunicou claramente esse sentimento durante o conflito: ❑ SIM / ❑ NÃO
O que pode aprender sobre você nessa situação, que lição pode tirar?

....

Nota importante:
No entanto, não devemos confundir paciência e não violência com covardia ou letargia. Nem, aliás, imaginar que devemos resistir às injustiças e aos outros fenômenos escandalosos na sociedade combatendo-os com vigor e violência. Com sabedoria, sim.

Aprenda que toda situação conflitual, todo problema é uma ocasião de evoluir para uma melhor versão de si mesmo. Essa **resiliência** coloca você diante da realidade, de sua responsabilidade, e sobretudo permite que você levante rapidamente e com precisão.

Uma presença atenta e permanente aos seus sentimentos, aos seus pensamentos e às suas reações permite transcender a dificuldade sentida com mais facilidade e alargar seus campos de visão e de compreensão. Não se esqueça dessas palavras de Espinosa:

> **"Mais vale querer o bem do que conhecer a verdade."**

Truque:
Em paralelo, você também pode ativar a chave da intenção neste instante e acionar o objeto de seus desejos com intenções positivas.

Chave n. 6. Tenha a ousadia da confiança, da sabedoria do desapego e do desconhecido

Essas palavras audaciosas de São João da Cruz podem estar sujeitas a interpretação...
Como considerá-las aqui? Desapegando-nos do que vemos, do que conhecemos, dos resultados que projetamos. Todo apego tenso é construído sobre um medo, sobre um sentimento de insegurança. Ele nos impede de nos abrirmos a outros horizontes, a outras atitudes, a outras oportunidades...

> "Se um homem quer ter certeza de seu caminho, que feche os olhos e continue andando."
> João da Cruz

Penetrar e aceder ao campo de todas as possibilidades (a grande vacuidade) necessita de um impulso de abandono e de confiança no poderoso fluxo da vida e da natureza que se expressa através de nós. Ele se manifesta na sabedoria oriunda de uma abertura ao instante e, portanto, ao desconhecido.

Sejamos atentos ao que se apresenta a nós no momento oportuno. Assim, teremos menos tendência a forçar as soluções - o que pode ser ansiogênico ou criar conflitos inúteis.

É uma felicidade e tanto a de despertar para as oportunidades que emergem do desconhecido, do campo das possibilidades. Stephen Batchelot define o conceito-chave de "vacuidade" como "abertura ao desconhecido".

Ative essa chave em sua vida

1. Mude seus hábitos e descubra novos prazeres!

➙ Durante meus próximos deslocamentos para ir do ponto A para um ponto B, farei um novo trajeto, deixando-me guiar pela minha inspiração do momento e observarei as belas surpresas e o que me encanta agradavelmente durante o trajeto.

Guarde esta frase de Einstein:

> **"A razão leva de um ponto A para um ponto B.
> A intuição pode nos levar para qualquer lugar."**

DESLOCAMENTOS	MINHAS DESCOBERTAS E PRAZERES
Para ir ao supermercado	
Para ir ao trabalho	
Para ir à academia	
Para passar o fim de semana na praia	
Para...	

➭ Esta noite, surpreendo meu(minha) companheiro(a) com:

....

➭ Esta semana, proponho uma nova atividade esportiva ou cultural em família:

....

Este mês, vou me organizar para terminar meu trabalho mais cedo, e me dar um prazer.
Do que tenho vontade?

....

➭ Este ano, vou me dar um curso (ou o peço ao meu patrão) ou uma terapia que me fará bem e me aproximará da pessoa que eu sou, de minhas aspirações:

....

Truque:
Você pode facilmente ativar a chave n. 5 para trabalhar em suas crenças, em seus medos e em seus julgamentos para conseguir mudar seus hábitos e confiar em você...

OUSE a mudança, e observe o prazer e a energia nova que isso lhe oferece.

2. Durante sua próxima troca de ideias, quer seja com seus parentes, no casamento ou no seu local de trabalho, deixe o outro ou os outros expressarem suas ideias e tente considerá-las, ou mesmo integrá-las em sua vida. Amplie sua visão.

Anote aqui o assunto ou o objeto integrado, e o resultado (o impacto em sua vida):

....

....

3. Liste no máximo 3 problemas encontrados atualmente em sua vida:

1..
....

2..
....

3..
....

Truque:
Neste momento, você também pode fixar a intenção de simplificar sua vida (chave n. 2) e de superar esse problema. A prática aqui consistirá em confiar em você e confiar na vida. Permaneça nessa postura de ancoragem do sopro e do bem-estar sentido no desapego.

Faça uma pequena pausa. Respire, medite e, para cada uma das respirações sucessivamente, visualize seus problemas como zonas escuras que se iluminam e se tornam cada vez mais claras até desaparecerem.

4. Pronuncie esta afirmação em voz alta e conscientemente:

"A incerteza é um ingrediente essencial de minha vida, de minha felicidade, de meu avanço para meus desejos. Assim que aceito me desapegar dos resultados, as soluções emergem espontaneamente da desordem e dos problemas. Essa incerteza torna-se meu caminho para minha liberdade de ser, de pensar sem condicionamento. Nesse espaço de liberdade, permaneço aberto a uma infinidade de escolhas que se oferecem a mim. Faço a experiência da alegria, do mistério da vida... da espiritualidade".

51

Chave n. 7. Descubra sua singularidade e entre na dança

> "A vida feliz é aquela que está em harmonia com sua própria natureza."
>
> Sêneca

Cada um de nós possui um talento único. Quando descobrimos esse talento e o colocamos a serviço dos outros, manifestamos nossa vida sob seu mais alto potencial de abundância, de sucesso, de energia, de força vital e de saúde. Esta chave espiritual nos convida a compreender que cada um de nós é uma expressão única da história da vida.

Ative essa chave da descoberta de seu Graal

1. Uma boa introdução, só para prepará-lo(a): leia conscientemente e depois medite.

"Acomodo-me em um lugar calmo e desperto minha atenção e minha consciência para a pequena chama que arde em mim e que permanece desperta de maneira permanente. Tomo consciência de minha singularidade e da profundeza tranquila de meu coração. Deixo ir o que o mundo espera de mim e reconheço o que me anima. Ouço meu coração, e não meu mental. O que ele me ensina sobre a consciência intemporal e sobre o que esta quer criar através de mim? Aprendo a ser atento(a) ao que me faz vibrar e a reconhecer minha singularidade."

2. A identificação de seu/seus talento(s) é feita por **3 critérios**:
   ➡ você é ótimo em uma área ou uma aptidão;
   ➡ essa área é fonte de prazer em sua vida;
   ➡ colocá-la em prática lhe parece natural, está em seu elemento.

Seguindo essas recomendações, liste seus 3 principais talentos identificados e a maneira como se sente quando os coloca em ação para você. Em seguida, indique ao lado o que sente quando os coloca em ação para outras pessoas.

3 talentos	Para você	Para os outros

3. Peça a 3 pessoas objetivas e que o(a) conhecem bem para falarem sobre seus 3 talentos principais. Compare as respostas com sua lista.
O que essas respostas lhe inspiram?

....
....
....

Identifique o talento que o(a) faz vibrar mais e que você tem vontade de desenvolver mais.

....

Em que contexto seu talento principal se expressa?

....

Você o expressa com frequência?

....

Poderia transformá-lo em sua atividade principal (profissão)
❏ SIM ❏ NÃO
Observação:

....

4. Transforme um talento escolhido em ponto forte associando-lhe conhecimentos (habilidade) e uma prática regular (experiência).
O talento escolhido é:

....

De que conhecimentos suplementares você precisa para desenvolver esse talento?
Quem poderia ajudá-lo(a) nessa evolução?

....

Identifique o que poderia impedi-lo(a) de desenvolver seu talento. Descreva as soluções a serem usadas para neutralizar esses freios.

....

Singular: você deve ter certeza de que seu objetivo é específico, ou seja, claramente definido e adaptado.

Mensurável: um indicador de sucesso deve ser identificado para poder estabelecer quando o objetivo é alcançado.

Alcançável: o objetivo deve ser definido de modo a poder ser realizado, dividido em uma série de subobjetivos acessíveis (não deve ser uma estrela inacessível!)

Realista: seu objetivo deve ser coerente em relação ao seu perfil e aos seus talentos para que sua motivação seja forte.

Temporalmente definido: fixe uma data-limite para acioná-lo.

5. Seu talento se multiplica, bem como sua energia, quando você o coloca a serviço dos outros. Isso poderia se tornar um objetivo de vida ou uma missão de vida.

Identifique as etapas que devem ser acionadas para colocar seu dom e seus pontos fortes a serviço dos outros e indique as informações SMART que a eles se relacionam.

....
....
....
....

6. Leitura consciente desta afirmação e depois meditação sobre este tema.

"Todos os dias, eu me pergunto como posso usar melhor meus talentos para SERVIR e AJUDAR. Estou atento aos fluxos da vida, ao que ela espera de mim, aos sinais que me envia através do que sinto de mais vibrante em mim. O objetivo elevado de minha vida, minha missão, meu DARMA é descobrir quem eu sou e ir ao encontro dos outros em minha autenticidade e em minha singularidade."

Como utilizar este caderno?

Essas 7 chaves de espiritualidade permitem que você alcance uma experiência de plenitude, de generosidade e de autocontrole.

Reserve um tempo para identificar os empecilhos para a implementação de cada nova prática e veja claramente quais vantagens você obterá ao eliminá-los.

Seja paciente e descubra como cada etapa o(a) introduz com lucidez e fluidez na seguinte, como em uma dança.

Não se trata de repetir mecanicamente os exercícios propostos aqui, e sim de se apropriar deles conscientemente, e de adaptá-los às suas próprias circunstâncias de vida.

Que sua prática seja ao mesmo tempo leve, alegre e intensa.

Conclusão

Essas chaves o(a) reconectarão com os princípios fundamentais de sua natureza espiritual. Pratique-as conscientemente e você estará em sinergia com a vida, enquanto desperta para sua sabedoria interior, de que o mundo tanto necessita. Você manifestará, em si e à sua volta, abundância, felicidade, serenidade e desenvolvimento pessoal.

Outros bons hábitos que também podem ajudar: uma alimentação saudável, bastante repouso, esporte, relações sociais serenas, práticas religiosas... no interior das quais a espiritualidade tem sua razão de ser, uma vez que nos conecta com tudo o que nos religa e dá sentido à vida. Mas, acima de tudo, a espiritualidade nos inicia em um amor incondicional e vivo que sustenta nossas existências.

Nosso desejo

Nosso pequeno tratado quer seu bem...

Lembre-se de que a espiritualidade já está em você. Ela só está esperando você para reconduzi-l(d)a) direto ao essencial. Confie em você!

Que seus pensamentos, suas intenções, suas palavras e seus atos aqueçam sua vida e sejam perfumados pela natureza sutil e vibrante de seu coração.

Introduza-os em todas as dimensões de sua alma para que também possam inspirar o mundo.

Tudo isso não é tão delicado e simples quanto beber uma xícara de chá conosco?

Com amizade e consciência,

Sandra e Frans

Pedimos uma definição da espiritualidade a alguns eminentes praticantes.

Você encontrará, abaixo, os testemunhos coletados por ocasião da escrita deste Caderno. Sentimos uma profunda gratidão para com seus autores.

Você vê alguma diferença com relação a alguma definição proposta no Caderno?

Depois de praticar, redija sua definição. Pode até mesmo enviá-la para nós. Ficaremos felizes em conhecê-la.

> A palavra "espiritualidade" é cheia de armadilhas. Prefiro procurar a unidade. Para se tornar mais humano, não se trata de privilegiar uma parte de nosso ser, o espírito. Com demasiada frequência, a "vida espiritual" tem sido apresentada como um desenvolvimento exclusivo do espírito em detrimento do corpo. Como permitir que todos os elementos que nos constituem (corpo, sensações, vontade, espírito, pensamento, instinto, memória, hábitos etc.) se aceitem e se harmonizem? A soma de todos esses elementos é muito mais do que apenas sua adição. Sua unificação é uma suplantação. Se a palavra "humanidade" não fosse usada em tantos e tantos outros sentidos, poderíamos substituir vantajosamente a palavra "espiritualidade" pela palavra "humanidade", "humanidade plena". Ela mantém uma bela sinergia com o essencial: o amor.
>
> Pierre de Béthune, autor de *L'hospitalité sacrée entre les religions* [A hospitalidade sagrada entre as religiões]. Éd. Albin Michel.

No judaísmo, a espiritualidade é encarnada pelo fogo e pela água. O fogo purifica. Por sua natureza, o fogo sempre sobe. O homem, graças ao jejum e à oração, purifica-se de todos os seus pecados e se aproxima do seu divino criador. As dissimulações, as barreiras que impediam sua ascensão não resistem mais aos efeitos do arrependimento e do perdão. E, assim, torna-se possível para ele galgar os degraus que podem aproximá-lo de Deus. A água, por sua vez, lava e elimina as sujeiras que podem aviltar o indivíduo. E a principal característica da água consiste em sempre descer. Trata-se, portanto, em um segundo movimento, de trazer o espiritual à terra e, assim, santificar este mundo material em que vivemos. A espiritualidade no judaísmo consiste em combinar harmoniosamente o fogo e a água, o material e o espiritual que devem guiar nossa vida cotidiana.

Albert Guigui, autor de *Le judaïsme* [O judaísmo]. Éd. Racine.

A palavra Islã vem de Salam e significa paz. Também pode ser traduzida como "o corpo e o espírito em equilíbrio". Saudável é aquela pessoa cujo corpo e espírito estão bem equilibrados, e isso graças a uma paz interior e à libertação dos desejos egocêntricos (ódio, ciúme, raiva etc.). Passamos de Soghm (doença) para Selm (saúde). Sem um coração puro, nem o corpo, nem as palavras, nem o espírito estarão em boa saúde.

Dr. Azmayesh. *New researches on the Quran* [Novas pesquisas sobre o Alcorão].
Mehraby Publishing House.

Só há espiritualidade quando vejo minha vida como um caminho. Para onde? Para além das minhas limitações e de minhas tendências habituais. Ali onde brilha a luz sem artifícios, não importa que a chamem de Deus ou de Natureza última do espírito. Ali onde meu coração redescobre sua pureza primordial, de onde se inflama um amor incondicional por todos os seres.

Philippe Cornu, autor de *Le bouddhisme, une philosophie du bonheur?*
[O budismo, uma filosofia da felicidade?]. Éd. Seuil.

Calma, clareza e compaixão despertam todos os dias em mim o Coração e a Consciência de Cristo. Tudo o que faço sem Consciência e sem Amor é tempo perdido, tudo o que faço com Consciência e com Amor é eternidade reencontrada, espiritualidade encarnada. Ame e faça o que quiser, esteja consciente e faça o que puder. Seja feliz, apesar de tudo. "Abençoe, não amaldiçoe!" Uma pessoa feliz e em paz não faz mal a ninguém. Este é o Evangelho ontem, hoje e amanhã.

Jean-Yves Leloup, autor de *De Nietzsche à Maître Eckhart*. Éd. Almora.

Nasci do vazio, retorno ao vazio, e não posso lhe dar o nome de nenhum deus: é isso o que penso. Algumas brechas na vida, alguns lampejos me deram por vezes a experiência do vazio: este é meu testemunho. Se a morte pode me devolver o júbilo de não mais ser, aguardo-a como uma amiga: é o que espero. E para isso, abrir-me para tudo o que não sou, para tudo em que não acredito, para você que me enriquece devolvendo-me ao vazio de mim mesmo: é isso que vivo.

Jean-Claude Bologne, autor de *Une mystique sans Dieu* [Uma mística sem Deus]. Éd. Albin Michel.

"Quando alcançar o coração da vida, encontrará a beleza em todas as coisas, mesmo nos olhos insensíveis à beleza."

Khalil Gibran

Coleção Praticando o Bem-estar
Selecione sua próxima leitura

- ☐ Caderno de exercícios para aprender a ser feliz
- ☐ Caderno de exercícios para saber desapegar-se
- ☐ Caderno de exercícios para aumentar a autoestima
- ☐ Caderno de exercícios para superar as crises
- ☐ Caderno de exercícios para descobrir os seus talentos ocultos
- ☐ Caderno de exercícios de meditação no cotidiano
- ☐ Caderno de exercícios para ficar zen em um mundo agitado
- ☐ Caderno de exercícios de inteligência emocional
- ☐ Caderno de exercícios para cuidar de si mesmo
- ☐ Caderno de exercícios para cultivar a alegria de viver no cotidiano
- ☐ Caderno de exercícios e dicas para fazer amigos e ampliar suas relações
- ☐ Caderno de exercícios para desacelerar quando tudo vai rápido demais
- ☐ Caderno de exercícios para aprender a amar-se, amar e – por que não? – ser amado(a)
- ☐ Caderno de exercícios para ousar realizar seus sonhos
- ☐ Caderno de exercícios para saber maravilhar-se
- ☐ Caderno de exercícios para ver tudo cor-de-rosa
- ☐ Caderno de exercícios para se afirmar e – enfim – ousar dizer não
- ☐ Caderno de exercícios para viver sua raiva de forma positiva
- ☐ Caderno de exercícios para se desvencilhar de tudo o que é inútil
- ☐ Caderno de exercícios de simplicidade feliz
- ☐ Caderno de exercícios para viver livre e parar de se culpar
- ☐ Caderno de exercícios dos fabulosos poderes da generosidade
- ☐ Caderno de exercícios para aceitar seu próprio corpo
- ☐ Caderno de exercícios de gratidão
- ☐ Caderno de exercícios para evoluir graças às pessoas difíceis
- ☐ Caderno de exercícios de atenção plena
- ☐ Caderno de exercícios para fazer casais felizes
- ☐ Caderno de exercícios para aliviar as feridas do coração
- ☐ Caderno de exercícios de comunicação não verbal
- ☐ Caderno de exercícios para se organizar melhor e viver sem estresse
- ☐ Caderno de exercícios de eficácia pessoal
- ☐ Caderno de exercícios para ousar mudar a sua vida
- ☐ Caderno de exercícios para praticar a lei da atração
- ☐ Caderno de exercícios para gestão de conflitos
- ☐ Caderno de exercícios do perdão segundo o Ho'oponopono
- ☐ Caderno de exercícios para atrair felicidade e sucesso
- ☐ Caderno de exercícios de Psicologia Positiva
- ☐ Caderno de exercícios de Comunicação Não Violenta
- ☐ Caderno de exercícios para se libertar de seus medos
- ☐ Caderno de exercícios de gentileza
- ☐ Caderno de exercícios de Comunicação Não Violenta com as crianças
- ☐ Caderno de exercícios de espiritualidade como uma xícara de chá
- ☐ Caderno de exercícios para praticar o ho'oponopono
- ☐ Caderno de exercícios para convencer facilmente em qualquer situação